Monique Lise Cohen

UNE ÉTOILE COMPTABILISÉE AU CŒUR DES SOUVENANCES

La plume d'encre et le prisme de la lumière
Photographie
Moshé Sayegh

Il a ôté ma jeunesse hibernale, et j'ai enfanté
en commentaire de Genèse 30, 23-24

Je suis une étoile comptabilisée au cœur des souvenances

Métamorphose au ciel des solitudes

Nombreux mots pour formuler le rêve de l'hypostase

La rosée avant le soleil

Les réponses sont inattendues

Veille du mystère au cœur du jour

JE SUIS UNE ÉTOILE COMPTABILISÉE AU CŒUR DES SOUVENANCES

Sur mes yeux,
la flamme de l'absence d'un ange

Ma pensée,
comme l'ombre de la main

Étincelles de réparation
jaillies de la matrice

Écrire
(quand)
le néant du souvenir
habite
la force des mains

Écrire devance la pensée

La main, sans cérémonies, apprivoise le ciel de sa
nostalgie plus éclatante

bonjour
aux félicités du cœur

Comment dire le sens de toutes choses quand
l'écriture nous surveille ?

MÉTAMORPHOSE AU CIEL DES SOLITUDES

*Écrire dans la difficulté,
alors la flamme encercle l'enfant,
et de sa déhiscence révulsée,
elle contemple la trouée où s'approche le vin des temps.*

Une toute petite attente et la nostalgie des jours

Comme un ciel se froisse au clair de la pensée,
ainsi ma vie
s'étale dans le grand calme des attentes
Silence au seuil du miracle

L'haleine sursoit au vide de la création.

Le soleil a habité le creux des attentes
évasives et colorées,
multiplement environnées des splendeurs écrites

Les attentes perçoivent les larmes d'encre par où
s'évaporent
des sels plus amers que les espérances déçues
mais de ces sels, revenir vers le sens inventif de la joie

Ces choses se tissent dans l'écriture

Mon ami avait attaché les lettres du mot de
l'espérance à des fragments insoupçonnés,
C'est au matin des espérances que nous recueillons la
merveille du reste des appels

Au soleil des émerveillements, la pensée éclôt et
nourrit son retard de tendres illuminations
Un soleil surnage les vicissitudes et éclosions tardives
et nos joies se rassasient
du simple engouement où pointe le jour

Qui saura où ma main s'éprend de ces vivantes que
n'absorbent pas
les oublis et autres tiédeurs ?

Marcher sur le rivage des attentes.

Un silence inéluctable s'emploie à défricher les forêts
souveraines

Je prends ma destinée dans le sérieux des avancées que la nuit rayonne au creux de mon oubli
Mon esprit défaillant garde la particularité de joindre plus haut que les mains l'aventure et le souci
Mon âme est blanche de rosée et les crispations surviennent quand la douceur abrite d'autres espérances
pour joindre - de vous à moi - l'invraisemblance de nos touchers très creux

    Ces phrases qui se développent ou s'abrègent,
        je connais le dessin de ces mots
   leurs alignements incertains et inventifs à la fois
          Il y a en moi un grand blanc
              une source

           Suivre ce mouvement.

J'habite les profondeurs des jardins en détresse
et la déroute parfait les emportements inessentiels
j'habite la souveraineté des jardins optimaux
et ma rigueur s'accroît des fleurs suspendues aux horizons visionnaires
je poursuis les locutions de ma main hardie
j'habite le souffle qui vacille à la pointe des encres sonores

Ma réussite imaginative parcourt les infinis
et la vision ruisselle de la bienveillance des récitations appliquées

Ô fillette endommagée,
ton silence fait jaillir les fleurs !

J'écris ton nom
Sambo
pour l'amour et pour les lettres
mon flux de jeunesse et mon amour maternel
petite fleur fripée dans l'éclosion de ma poitrine
j'attends ta floraison et ton souffle chaud

Écrire dans la lumière des va-et-vient et des instants
Écrire dans la mémoire distincte

(souvenir de l'enfance)

Douceur maternelle du ciel quand la terre y manque,
j'avais une œuvre à poursuivre, et rien n'y suffisait encore

(Le souffle cependant pour soulager le dos)

D'autres épreuves ont évité à mon âme les engorgements terrestres,
écrire y suffit et les jointures du ciel et de la terre s'éloignent dans l'invisible
à l'aplomb des découvertes

Ne sachant ici si je parle du matériel ou du spirituel,
je préfère parfois me taire et attendre que ma main invente
ses fécondations sonores
afin de s'écarter des vœux académiques ou des poésies inemployées,
précisément des poèmes trop aigus et dépourvus de connaissances physiologiques

Attendre avec patience le détour imperceptible des hirondelles
et se recueillir dans la forme
de son cœur
pour croire
aux espérances.

Pourquoi sont nombreuses nos larmes au sel de la pitié ?
Pourquoi sont définis les outrages et les grêles des jardins effervescents ?

Nous approchons la lune,
l'éclat du blanc parfait la respiration,
nous sommes allumées et redistribuées dans le tour à tour des préhensions
et des réussites

Soleil du roi et éloignement rêvé de la ruine,
nous sommes les parieurs rangés au bord des criques

Nous avons goûté les fraises sucrées du soleil,
et le vide appelle les folies en amour

Où sont nos yeux pour pratiquer l'incandescence
et les retrouvailles au clair des évasions ?

Les larmes déploient les sympathies et ouvrent modestement les portes des mondes à venir,
Ma gloriole jette ses étincelles ainsi que les tracas jadis, naguère trop éprouvés,
Mon silence studieux découvre à l'orée des villages imaginaires
les rainures d'ombre qui font les choses éclairées pour notre intériorité visionnaire,
Doucement,
plus doucement encore,
pour reconnaître le mouvement d'élévation qui prend les cils
imperceptiblement

Des ruelles aventureuses et un soleil matin clair
et bien défini
pour mon désir d'enfant fatiguée,
mais déjà inscrite au clair de la connaissance

Les oublis parfois inventent des souterrains rieurs,
et les avancées de nos numérations élèvent nos plaintes plus haut que les souvenirs

Abruptes sont les inventions qui parfont les pièges
et les ténacités de nos professeurs
et maîtres aux âges expérimentés

Les utopies sont closes et les clartés des mots
volent plus loin que les parfums
pour inscrire,
dans ces nuitées savantes,
le simple souffle d'un artifice provisoire
Nous savourons l'étrangeté en ces demeures de
gloire
où nos incertitudes
gagnent au firmament des utopies nombreuses

Saluons un Notre Père incandescent
pour revenir au monde et savourer les fraîcheurs
et les attentes de nos mains évanouies

Ô mon âme, ma mémoire et ma solidité nocturne,
les yeux de mes espérances
et le nom de mon salut

Les perles sont proches et mon souffle fait surgir
des abeilles au nombril des lèvres
Tout s'évade tandis que les merveilles s'alignent,
selon l'ordre raisonnable
de nos perceptions ennoblies.

Là où s'épuise et s'édulcore le ressac des pensées
vaines ou flottantes, quand au gré des chemins et

des pratiques incandescentes, les navigations de l'âme s'élèvent au voisinage des creux inoubliables. Dans cette profusion de noir, quand les cils et les battements succèdent aux tambours fragiles, quand nos mains se trompent en leurs cibles espérées

C'était un puits d'espérances fragiles et brûlantes quand les peaux en attente s'étalaient dans l'embrasement des douceurs. C'était une non-respiration plurielle et fugitive. Et le souffle surprend le rien, et la vision s'élève dans les murmures et les pluies de sonorités tranquilles. Mon Dieu est aimant au soir des lèvres pour parfaire les prophéties

Écoutes savantes en vue des prescriptions.

La peur de la poésie

Une petite tristesse et l'emploi des jours
elle s'abstient de soutenir le regard des poètes
elle s'indifférencie aux regards suppliants

Un joli sourire que n'appellent les lèvres
et le silence d'un regard trop pénétrant
Nous sommes habités par les pleurs et les illusions
dont s'abstiennent les poètes véritables

Nous sommes qualifiés pour des exploits minimes
Ainsi sondent
(pénètrent, viennent, viennent puiser)
en nous
au profond des rêves
l'appel et le murmure en écho des cieux supérieurs,
car nous n'y croyions plus

Souvent survient le genre évasif qui habite l'imaginaire
et les intercessions
savantes,
ces entreprises au gré des filaments et des forces jouissives

Elles parlent au talent des mains non usées,
dans le soleil des fronts,
C'est là que vient la douceur
elle s'apparente aux merveilleuses inventions,
elle suit les rêves malhabiles des espoirs cristallins,
elle habite les phares désespérés d'où surgissent les embruns
Et sous la houle et les masses d'eau
mon cœur se suffit dans les vacarmes indifférenciés

Car le cœur habite l'espace des mains
ici
il sursoit aux vacuités et aux incertitudes,
il vient manger dans la main et oublie le signalement des lèvres et des soupirs

Seigneur ouvre mes lèvres...

Mon cœur voit,
ma main s'avance et le désir coule à mes lèvres
tandis que les heures chastes épellent des noms
imprononçables

Nous saurons vaincre les hésitations et les appels
inutiles
nous saurons confier aux perles inaudibles les
mots d'espoir
confiants et chaleureux
des nuits studieuses à venir.
Et bientôt la joie rejoint ma main,
Ainsi, me dis-je, je profiterai de cette ascèse où le
vent souffle prochainement ses nouvelles légères
et amplifiantes

Nos mains savent découvrir,
au ciel plus souverain,
les grands empans des inscriptions à venir

Mon salut se paye,
et les frais sont avantageux
pour celui qui s'avance en ces affaires

Lumières et invisibilités sont nuitamment
souveraines
dans l'espace de forclusion des sincérités
attentives

Couronnes et incinérations serpentines
Mon esprit s'évade au fil des mots inoubliables

Écrire est plus savant que les effluves matinales et leurs numérations chimiques
Le soleil pousse sa rose plus loin que les épreuves, et ma main habite l'attente du printemps

Sonorisées sont nos illuminations.
Commencer,
dans l'insuffisance des espoirs
et puis prévoir là où le vent se réchauffe des palpitations attendues

Peut-on écrire beaucoup de poèmes ?

Je sais quand le hasard palpite dans les soirs enfiévrés
J'avais compris cela dans des clartés et des effusions permises

Les permissions qui viennent avec la pluie
Descentes salutaires.

NOMBREUX MOTS POUR FORMULER LE RÊVE DE L'HYPOSTASE

*Les voiles et les synonymes emploient leurs faveurs
à l'inscription des sonorités fluviales,
nous avons renoncé aux précarités du langage.*

La source voisine les silences et les écartements,
et le ciel vient sur nos têtes anoblies

La lettre s'évade

Je voudrais écrire, non dans une maîtrise des mots,
mais dans une relative maîtrise du dessin

Le poème s'anoblit des courbures magnifiques

Pauvres sont les fleurs et les lunes arrimées aux silences,
Je voudrais écrire dans une certaine fermeté du geste.

Nos mains ensoleillées abritent le métal récalcitrant
qui vient murmurer son opposition aux jointures malaisées de nos chairs vives

Et laborieuses sont nos écoutes et les fils de nos appréhensions

Le soir vient tandis que les musaraignes sortent à la clairière des frondaisons vivaces
Nous emplissons de nos mains puissantes les puits végétaux qui recueillent les souffles

Un ange abrite le retour des paroles
(et le soir il ne fait plus froid)

J'accueille dans la misère des incertitudes d'autres acclamations
où le ciel se renverse
Alors les délices pleuvent et alimentent ces jardins de roses invraisemblables
plus lointains
que les comparaisons indociles

Les silences abrègent les vocaliques
et les sonorités plurielles suivent des chemins entrecoupés de rencontres défaillantes

Les frémissements sont aussi fulgurants que ces symphonies à l'emporte-pièce.

Les euphonies sont silencieuses et riment avec les ablutions
Sauvages espérances échappées des crinières enfiévrées
Les attentes parcourent le feu des immersions ensevelies
Nous jouissons des festins fluviaux,
et silencieusement édulcorer des propos difficiles

Paroles sont nos jouissances et reconnaissances
Humanitaire est le mot de nos écritures divines
Saluer la grande joie des appartenances nouvelles
Elles sont transies de leurs affolements judicieux et résolus

Nous partons en campagne pour régler les mesures inédites de nos songes articulés.

LA ROSÉE AVANT LE SOLEIL

Qui vient au pourtour des ombres claires
pour noyer la clarté dans le jour ?

Et ma nature imparfaite s'affranchit des fidélités trompeuses, mon esprit savant s'élève vers les branchages souverains et lumineux. Des approvisionnements substantiels nourrissent les effusions de nos organes réceptifs. La vue s'attarde au flanc des collines sèches. Puis surgit, avec l'heure approchante, la joie soudaine qui fait fuir les lévriers

Mon pouce marque sa souveraineté dans l'avancée des palpitations

Écrire surprend tous les recueillements, et mon âme s'élance dans ces matières entrelacées

C'est très haut que le jumelage de nos espoirs croise le flux en attente de nos vindicatives appellations.

Ô mon œil en extase, murmure-t-elle, aux confins
des évangiles énonciatifs
Elle parcourt l'avancée des limpidités dans la
blêmeur des matins en attente

Souffle horizontal des lèvres, stylos énamourés,
mais ensanglantées de parfums,
suavités pour un autre

Ma lucidité s'éprend des épuisements sonores,
et le nom du lieu avance son outrecuidance dans
les floraisons
et sortilèges des siècles futurs

Ô mon aimée, ma beauté sulfurée, ma
mésaventure illuminative.

Les familiers des outrecuidances se pervertissent au tourner des pages folles
Incertaines sont les avancées éclaboussées de silence

Elles meurent en nos bras et ressuscitent sur la paupière de l'œil
Les cils en font la connaissance

Les succès s'épuisent aux contours des vitrines sonores,
et nos yeux plongent en l'impalpable des horizons murmurés

Nous sommes appelés aux qualités supérieures qui rayonnent au matin.

Lunes rieuses et parfums

Pousser plus loin les interrogations
lumineuses
qui affirment leur indépendance
aux lèvres argentées.

Demander,
et les soleils ouvrent leurs mains sonores

Où se ressource la poésie ?
D'où vient l'impatience d'en bas et la main en service ?

Pour cueillir la rosée du soleil,
la rosée avant le soleil

Merci mon Dieu,
Continuer pour le service,
et cette souffrance sans configuration
quand l'œil sacrifie les jointures pour l'exercice des limpidités

Salut et ressources
pour l'accompagnement qui creuse les reins
aux brûlures innocentes.

LES RÉPONSES SONT INATTENDUES

Les chemins sont lents et parfois inefficaces,
certaines décisions viennent pour combler les mains.

Seigneur,
cette pensée
que
j'ai
au plus profond
de moi

Seigneur,
je te l'offre

Nous connaissons l'envol des écritures savantes et leur oubli au creux des inventions retardées. Nous usons le jeu et la politique en mouvement des acharnements sonores. Et plus loin que nos banalités, nous recevons comme un rêve un peu marginal les satisfactions de nos enclumes littéraires

Nous avons forcé l'événement préparateur et les circonstances du fleuve. Elles sont relativement en déroute nos inspirations les plus récentes, elles se révèlent aux quatre coins des écritures pour aller plus loin que nos âmes et habiter les échelles savantes. Savant est le mot d'une inspiration plus réelle que la nocturne. Savant s'étend en la pensée et ouvre les clefs des invraisemblances salutaires. Les mots sont en attente car les maturations sévissent dans le grand élan des satisfactions raisonnées
Elles sont liées à nos paroles salutaires les imaginations éprouvantes. Elles sont véridiques et gagnent à être connues selon les tardives réalités nocturnes
Nous sommes les révoltés des appréciations éludées. Sachons reconnaître, aux lèvres de la main, l'envoûtement des paroles disparaissantes quand l'appel se meurt au coin des espérances chaudes

    Alors nous ressuscitons pour parfaire les jardins inespérés.

Je parcourrai l'infini des appréhensions salutaires,
je finirai nos miséricordieuses évaluations des
journées et des usages,
je saluerai,
plus haut que les espoirs en futaie,
l'avancée rieuse des approfondissements de mon
esprit sincère.

Commencer quand cela a failli

Douce bouche en attente des lèvres
qui parlent,
et qui s'enclosent des jolies paroles
et des assoiffements redoublés
Incalculés

Nous apprenons les frémissements des envols salutaires,
(et pourquoi serions-nous alors trop hésitants ?)
Des épidémies sans danger révulsif viennent
sur le coin des attentes et des luxes peu remarquables

Nous saluons au passage, par bienveillance et indifférence,
les passagers et les passants qui traversent nos yeux
Moins vivace encore que dans un rêve étranglé de désir

Ô les perfections,
les lumières,
les feux,
les inversions
et les sonorités
au barème des convulsions ignorées

Nous partons pour l'apocalypse des joies nostalgiques,
et sans regrets,
nous travaillons le pain de l'espérance

Réécrire les aventures là où les sonorités s'étaient interrompues,
quand le détour avait tari les phrases claires et les soupçons d'appartenance

Où s'ancre le récit hors du soupçon ?

Connaissance des choses nouvelles,
les écrits parfument l'invisible des attentes tardives
Nous obéissons à l'impératif des mains,
Ruissellement de bonté

Où sont les enchaînements ?
Où ma main va-t-elle penser la chaîne des horizons et des laines ?
Pensées issues de la main

La main accouche des pensées

Tardivement nous frayons un avenir
quand les couleurs s'apprivoisent aux sonorités de la main

Où est l'amour dans l'abreuvement du regard ?

Le regard trop attentif défait les horizons
Nous avons voulu cette retenue pour parfaire les visions lointaines,
celles qui se disent au murmure des lèvres,
celles qui viennent dans le récit

Le récit porte les yeux.

Au commencement,

Sur les colonnes alarmées par l'intempérie naissante,
j'avais admis au seuil de toutes les ignorances
le produit suave et sans calcul des provisions inespérées

Nous étions au seuil permis des bénédictions,
et nous trouvions dans la durée et les facilités
le souvenir et l'extranéation des connaissances

Pourquoi nous mouvoir dans ces horizons ?
Pourquoi battre le rappel des lancinantes envolées
et des parentalités présentes ?

« Pourquoi ? »
était le sans réponse des fleurs

J'ai admis le chemin pour traverser l'espérance,
J'ai trouvé en moi
ventilité,
versatilité,
abrupte racine au soleil des dimanches neigeux

Nous sommes le souffle,
Il habite nos yeux

Ô Dieu, qu'est-ce que l'homme ?

Nous sommes le souffle,
Il habite nos yeux

Ô Dieu, qu'est-ce que l'homme ?

Les âmes accueillent la paix dans le ciel pour
réinventer la terre des vivants.

VEILLE DU MYSTÈRE AU CŒUR DU JOUR

*Le soleil qui s'avance saura-t-il bénéficier
aux lueurs pâles d'un esprit trop savant ?*

Mon âme ébranlée se confie aux sonorités savantes des visions endormies
Poursuivre loin des visions et parfaire le temps
Mes involutions comptent la figure des jours

Nous avons joint au lyrisme des renommées la simple acceptation des jours infinis

Nous avons écarté les poursuites et les enjeux spacieux,
les filatures et les recherches trop précises
Nous sommes les témoins de ce qui advint de nos prédécesseurs,
et nous formulons en leur nom l'espoir renaissant des signatures salutaires

Nous avons parcouru le ciel et les avenirs de nuit, nous avons plongé dans les méandres des pensées et des dispersions,
nous sommes souvent désorientés par l'éclaircie des pensées

Où sont-elles nos coiffures et nos dissimulations salutaires ?
Pour préserver le temps de l'espérance,

nous jouxtons les aires des coquelicots, nous sourions à des vertus ostentatoires,
et des bruits font gronder les routes

Sortir des tumultes et allaiter les véritables soucis.

Ce sont nos silences,
édulcorées sont nos évasions
tardives
matinales

Les chérissements de nos adultères
métamorphosées

Mon fils,
mon avoisinement
mystérieux

Lucarne sous les tropiques
Évasions forcées
Lèvres en éclat
Linges ensablés, reverdis de tiédeurs lustrées et d'auréoles infinies

Nous plions nos volontés vives aux hardiesses où s'accrochent nos souffles extatiques.

Alors elle commença à compter les sabliers et les
sables dans l'éclaircie des poussières,
dans cette nuit dorée, un filament de jour venait
baiser de son souffle l'obscurité divine

L'âme s'embrase au souvenir des pensées
(celles qui voisinent l'éclaircie des jours)

Alors la puissance revenait dans ses jours creux,
et elle comprenait que le malheur n'est rien
Reste le fil ténu d'encre qui nous rattache à la
présence
(inexprimable en terme symbolique)

Mon Dieu,
évitez en moi les heures savantes des recherches
nuisibles,
faites descendre dans ma main les gratifications et
les louanges inaltérées,
quand votre désignation sans tromperie vient
surprendre mes sens

En attente de Vous,
pour bénir,
au-delà des circoncisions,
et louanger
l'Incalculable.

Soleils et incandescences dans l'inachèvement des profusions calculées,
nous goûtons les sonorités qui viennent du vent

Solipsisme de nos lèvres
Parfum d'invagination mentale
Ouverture sur l'oubli
et les manières creuses

Nous sommes les attardés des attentes sonores

Inventivité
sœur
du Calcul

À profusion sont nos mémoires,
et nous traversons les nuées d'apprentissage pour tendre au soleil
l'inutilité de nos oublis sereins

Bonjour ma piété

Je suis à vous pour le murmure bienfaisant qui vient sur mes lèvres,
quand le soir d'un baiser apaise ma fièvre et mes yeux
Je suis à vous pour l'éternité des murmures, pour les délices et les involutions inventées

Au prix des féminités tardives.

Théorie des évidences et des métamorphoses
Un ciel plus loin que les vanités

Elles accueillent les trinités sonores et le salut blême des apprivoisements
Ô suivre le chemin de la langue qu'aucune clarté ne refuse

L'écriture s'apprivoise comme un petit léopard

Il faut le temps,
les boucles d'encre,
le sourire des épreuves et l'attente d'un jour réussi.

Dans la vivacité des couleurs
(rouge, jaune, sombre),
l'espacement des lettres
ouvre dans la blancheur

Un fruit s'ouvre

Les formes humaines dans l'ouverture du fruit
homme et femme

Soleil de chair
pour atténuer le bleu
les lettres blanches y pourvoient

Les ouvertures sont surnaturelles dans la blancheur de la chair visitée
Les lettres blanches pour réparer les déchirures

Les labeurs se flétrissent,
et nous jumelons les évasions incandescentes

Loin dans la nature avoisinée,
nous recueillons les spasmes de nos dernières énergies
Alors s'abreuve en silence au sommet des fleurs inencloses

la fulgurante rapidité de nos pacifiques espérances

Les fleurs vivent au sommet de nos âmes

Et sur le front
une lettre
pour joindre la paix, le feu et l'écoute

Une lettre sur le front
(paix, feu, écoute)

Les âmes accueillent la paix dans le ciel pour réinventer la terre des vivants.

Un cahier pour parcourir le chemin d'une voix qui s'étage, qui se parchemine au volet des figurations sauvages. Elles renaissent au parcours des célébrités et des oraisons inemployées, elles volètent et fustigent les réalisations factices ou trop rapides. Leur science s'emploie au décryptage des sociétés endormies. Elles sont volatiles, elles sont ignorées des rébellions et des faveurs. Là où l'origine céleste se disperse, elles ramènent au niveau de la voix l'oubli et la mémoire sonore dans l'advenue des figurations en attente

Connaissez-vous les noms et les fureurs, là où la voix sort des étreintes natives ?
Elle suspend au souffle l'horizon des espérances

Sollicitation princière au recueil des aventures et des salutations claires

Je suis vieille de mes écrits.

Je suis l'éveillée des songes

LA SÉPARATION
DU VU ET DU VOYANT
EST LA FÉCONDITÉ
DU GESTE D'ÉCRIRE

Théorie de l'improvisation oublieuse
ou
la voix du papier

Ces poèmes ont été écrits entre 1994 et 2012. Ils étaient là, comme des textes épars, en attente, dans des cahiers.

Un premier recueil de poèmes publié aux Éditions Caractères par Bruno Durocher, en 1989, portait ce titre : « *Méditations à l'orient des cahiers* ». Tandis que je rassemblais ou extrayais des poèmes de ces premiers cahiers (1976-1989), j'aurais pu dire, à la manière de Judah Halévi[1] que mon cœur s'était tourné vers l'Orient.

Les cahiers furent un laboratoire d'écriture, une expérimentation savante et improvisée à la fois. Car j'écrivais dans une dérive puissante où ma main courait après l'enchaînement des mots. Comme pour répondre à un appel à peine formulé.

---

[1] « *Mon cœur est en orient et je suis à l'extrémité de l'occident* », Judah Halévi, rabbin, philosophe, médecin et poète, né à Tudela vers 1075, décédé en 1141, selon la légende, aux portes de Jérusalem.

C'est une voix qui traverse les écrits. Elle vient du papier.

Ces cahiers sont à la fois un emploi du temps (comme les « cahiers de textes », il y a longtemps, au lycée), un répertoire d'adresses, des réflexions sur d'autres œuvres en cours, des notes de lectures, de conférences, et puis, glissant dans un abandon spécial, une descente dans l'écriture où il me semble quitter le monde.

Le jour où nous nous étions rencontrés, Bruno Durocher m'avait ainsi demandé : « Où êtes-vous ? ». C'était il y a très longtemps, et je ne sais pas encore y répondre.

Issue d'une souffrance abrupte qui a traversé mon enfance et mon adolescence, l'écriture vient comme une coquille salée que chaque fois je brise pour venir au jour.

Brisure pour commencer. Une nouvelle écriture.

Un jour, je voulus rassembler ces textes écrits entre 1994 et 2012 pour en composer un recueil comme on extrait de la pierre un visage ou comme on cisèle un métal. Après une nuit de confusion et des essais nombreux et incertains, les mots vinrent pour réécrire et laisser surgir un long poème selon ces articulations :

Je suis une étoile comptabilisée au cœur des souvenances
Métamorphose au ciel des solitudes
Nombreux mots pour formuler le rêve de l'hypostase
La rosée avant le soleil
Les réponses sont inattendues
Veille du mystère au cœur du jour

Après cette sortie du monde,
il reste le feu de la lettre pour celle qui en devient la lectrice tardive.

Et son offrande.

Direction d'ouvrage :
Association « Dialoguer en poésie »
15 rue Jules de Sardac 32700 Lectoure

Editeur :
Books on Demand GmbH,
12/14 rond-point des Champs Élysées,
75008 Paris, France

Impression :
Books on Demand GmbH, Norderstedt,
Allemagne
ISBN :
9782322030897

Dépôt légal : juin 2013
www.bod.fr